Impressum
Verlag: BABADADA GmbH, Nedderfeld 112 , 22529 Hamburg
Geschäftsführer / Verlagsleitung: Harald Hof
Druck: Books on Demand GmbH, In de Tarpen 42, 22848 Norderstedt

Imprint
Publisher: BABADADA GmbH, Nedderfeld 112 , 22529 Hamburg, Germany
Managing Director / Publishing direction: Harald Hof
Print: Books on Demand GmbH, In de Tarpen 42, 22848 Norderstedt

学校

學校

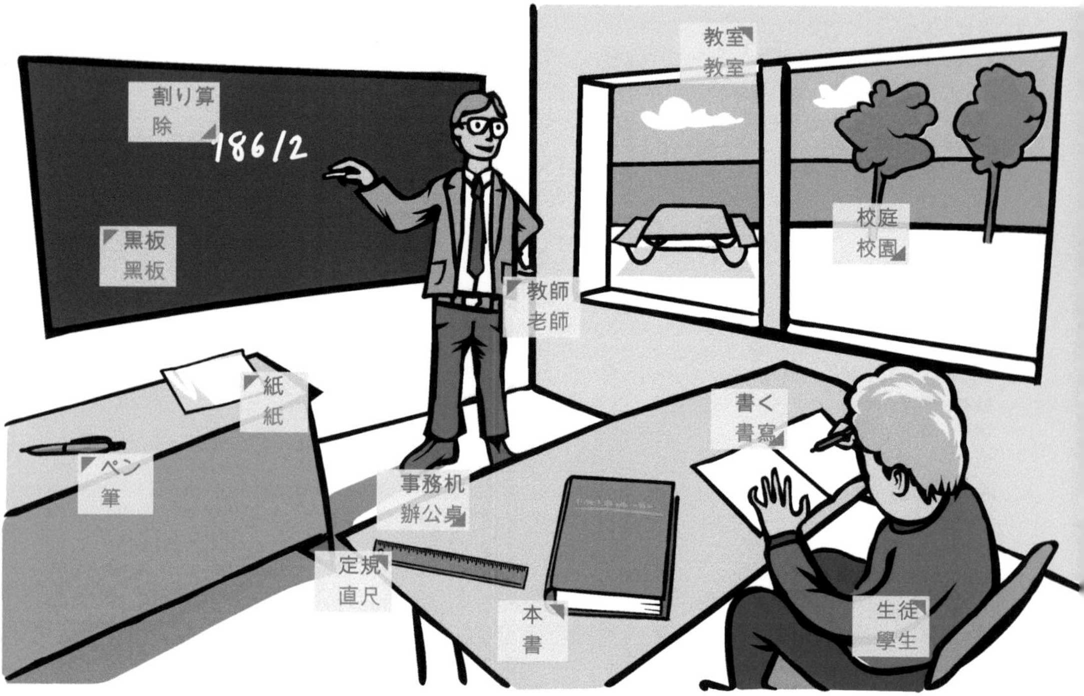

割り算
除
186/2
黒板
黑板
教室
教室
教師
老師
校庭
校園
紙
紙
書く
書寫
ペン
筆
事務机
辦公桌
定規
直尺
本
書
生徒
學生

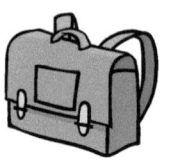

ランドセル

書包

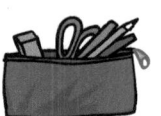

筆入れ

鉛筆盒

鉛筆

鉛筆

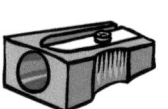

鉛筆削り

削鉛筆機

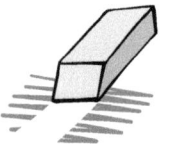

消しゴム

橡皮擦

スケッチブック

畫板

スケッチ
圖畫

絵筆
畫筆

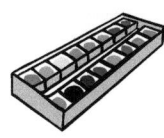

絵の具箱
顔料盒

はさみ
剪刀

接着剤
膠水

練習帳
練習冊

宿題
家庭作業

12

数
數字

2+2

足し算
加

5-2

引き算
減

2×2

かけ算
乘

計算する
計算

A

文字
字母

ABCDEFG
HIJKLMN
OPQRSTU
VWXYZ

アルファベット
字母表

単語
字

テキスト

課文

読む

讀

チョーク

粉筆

授業

上課

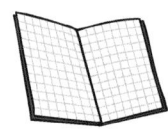

学級日誌

登記

試験

考試

通知表

證書

制服

校服

教育

教育

百科事典

百科全書

大学

大學

顕微鏡

顯微鏡

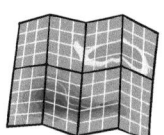

地図

地圖

ごみ箱

廢紙簍

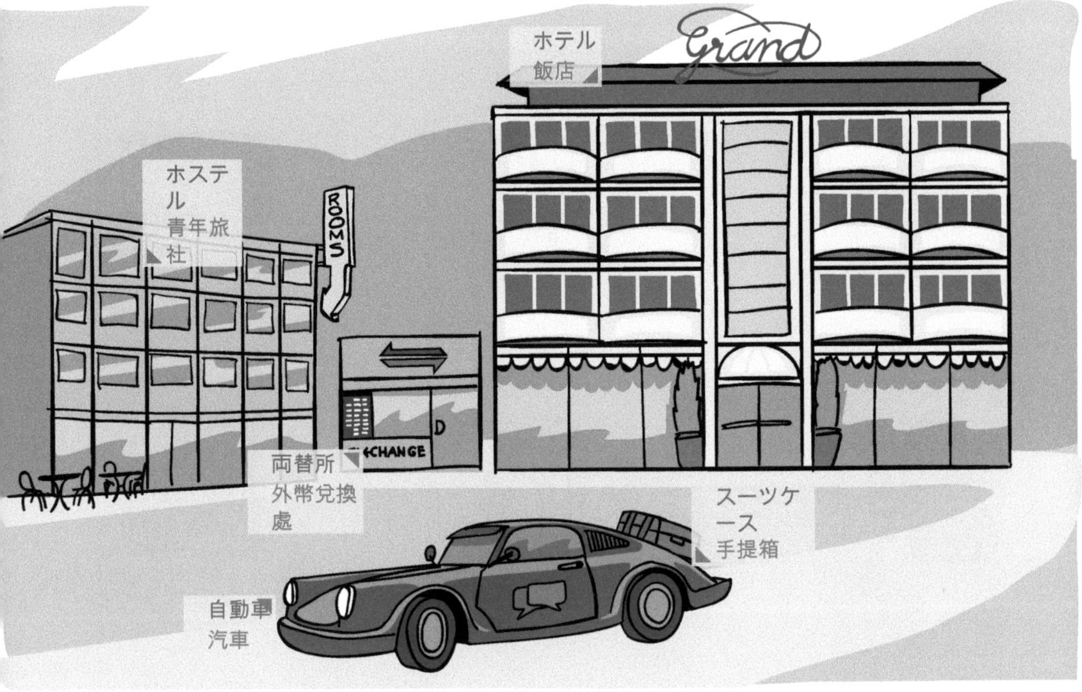

ホテル
飯店
Grand
ホステル
青年旅社
ROOMS
EXCHANGE
両替所
外幣兌換處
スーツケース
手提箱
自動車
汽車

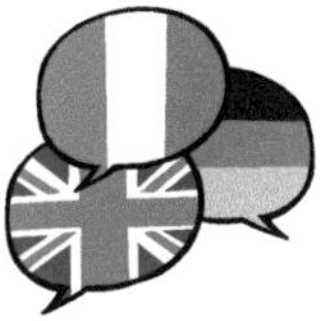

言語
語言

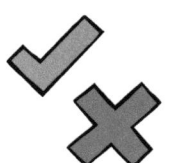

はい / いいえ
是/否

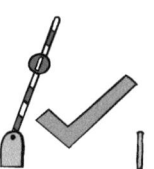

問題ない
好的

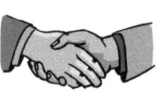

ハロー
您好

翻訳者
翻譯人員

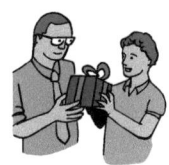

ありがとう
謝謝

...はいくらですか？

......多少錢？

わかりません

我不明白

問題

問題

こんばんは！

晩上好！

おはようございます！

早上好！

おやすみなさい！

晚安！

さようなら

再見

方向

方向

手荷物

行李

バッグ

包

リュックサック

背包

お客様

客人

部屋

房間

寝袋

睡袋

テント

帳篷

旅行者情報

旅行資訊

ビーチ

海灘

クレジットカード

信用卡

朝食

早餐

昼食

午餐

夕食

晚餐

チケット

票

エレベーター

電梯

スタンプ

郵票

境界

邊界

税関

海關

大使館

大使館

ビザ

簽證

パスポート

護照

輸送

交通運送

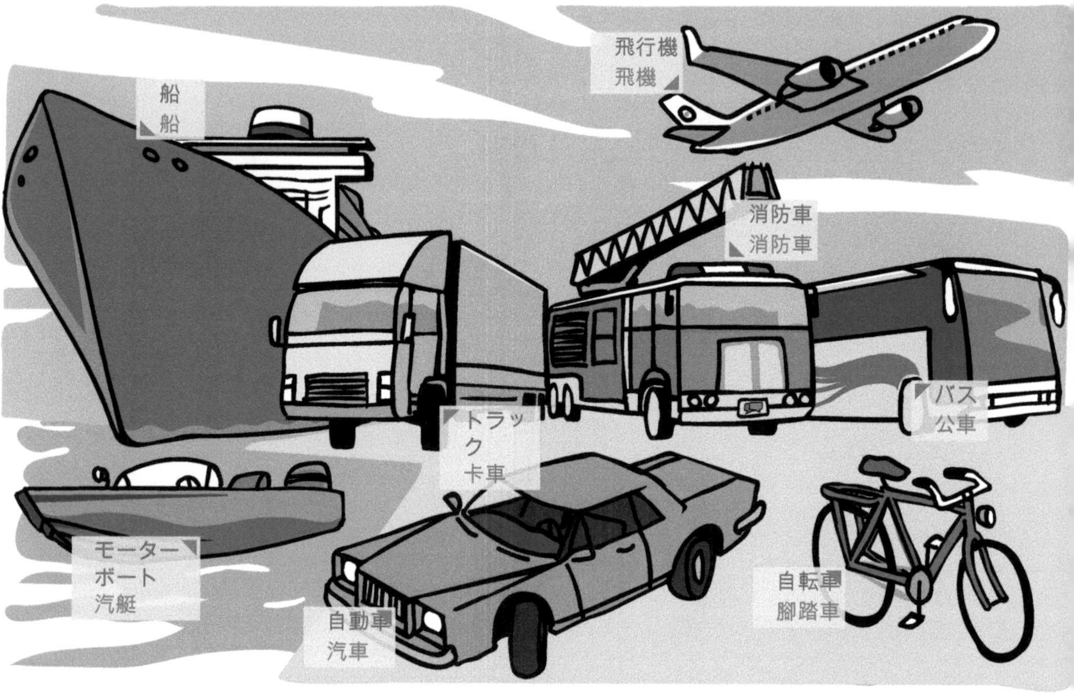

飛行機
飛機
船
船
消防車
消防車
バス
公車
トラック
卡車
モーターボート
汽艇
自動車
汽車
自転車
腳踏車

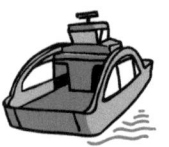

フェリー

渡輪

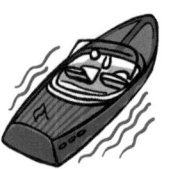

ボート

小船

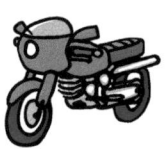

バイク

機車

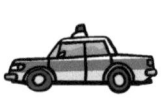

パトカー

警車

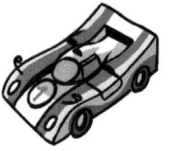

レーシングカー

賽車

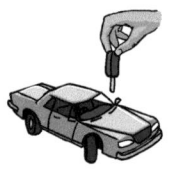

レンタカー

租車

カーシェアリング

拼車

レッカー車

拖車

ごみ収集車

垃圾車

モーター

馬達

燃料

汽油

ガソリンスタンド

加油站

交通標識

交通標識

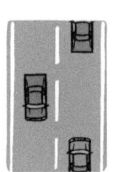

交通

交通

渋滞

交通堵塞

駐車場

停車場

駅

火車站

道

軌道

列車

火車

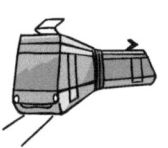

路面電車

路面電車

車両

客車廂

ヘリコプター

直升機

空港

機場

タワー

塔

乗客

乗客

コンテナ

集装箱

段ボール箱

紙板箱

カート

手推車

カゴ

籃子

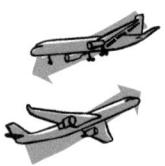

離陸 / 着陸

起飛/降落

都市

城市

村

村莊

都心

市中心

家

房子

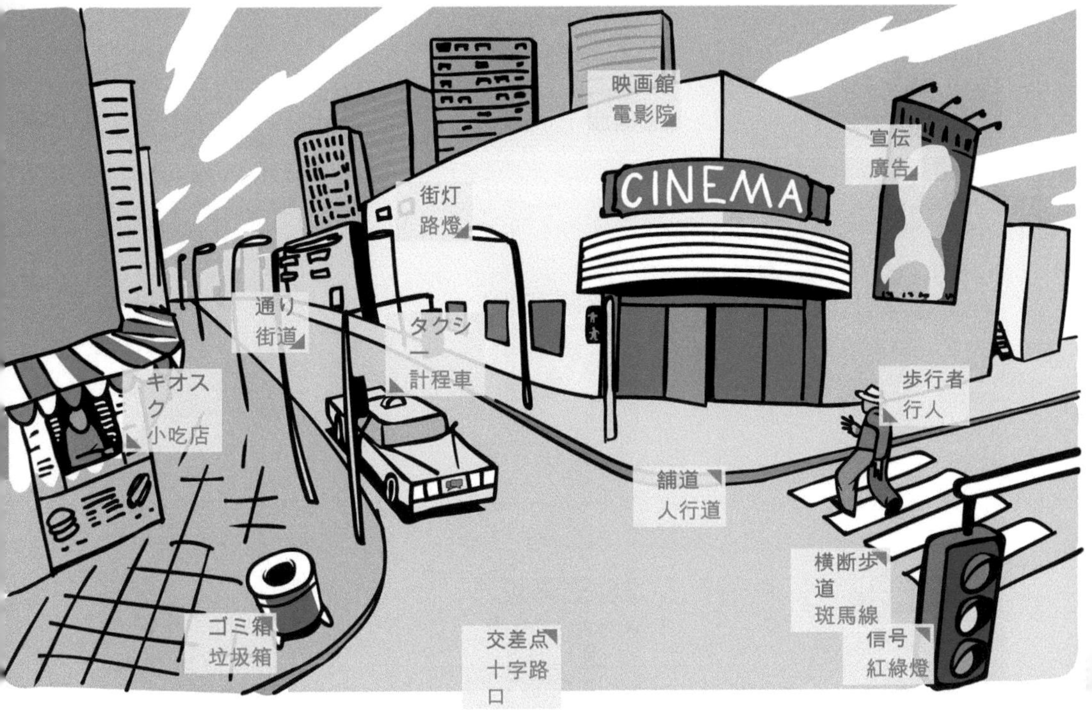
映画館
電影院
宣伝
廣告
CINEMA
街灯
路燈
通り
街道
タクシー
計程車
キオスク
小吃店
歩行者
行人
舗道
人行道
横断歩道
斑馬線
ゴミ箱
垃圾箱
交差点
十字路口
信号
紅綠燈

小屋

小屋

アパート

公寓

駅

火車站

市役所

市政廳

MUSEUM

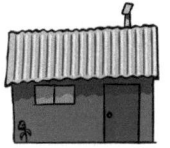

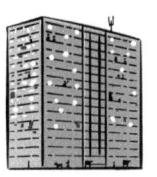

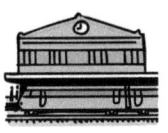

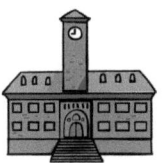

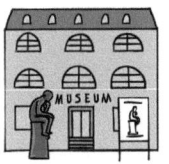

美術館

博物館

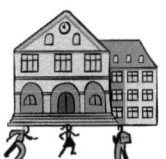

学校

學校

大学

大學

銀行

銀行

病院

醫院

ホテル

飯店

薬局

藥房

オフィス

辦公室

書店

書店

ショップ

商店

花屋

花店

スーパーマーケット

超市

市場

市場

デパート

百貨商店

魚屋

魚店

ショッピングセンター

購物中心

港

海港

公園
公園

ベンチ
長凳

橋
橋

階段
樓梯

地下鉄
捷運

トンネル
隧道

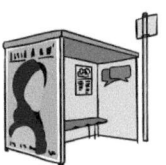

バス停
公車站

バー
酒吧

レストラン
餐館

ポスト
郵筒

道路標識
路標

パーキングメーター
停車計時器

動物園
動物園

スイミングプール
游泳池

モスク
清真寺

農場
農場

汚染
汚染

基地
基地

教会
教堂

遊び場
操場

寺
寺廟

風景
地形

葉
樹葉

道標
指示牌

道路

草地
草地

石頭

木
樹

ハイカー
徒歩旅行者

川
河

草
草

花
花

谷
峽谷

山
丘陵

湖
湖

森
森林

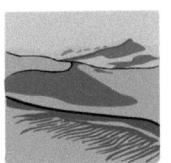

砂漠
沙漠

火山
火山

城
城堡

虹
彩虹

キノコ
蘑菇

ヤシの木
棕櫚樹

蚊
蚊子

ハエ
蒼蠅

蟻
螞蟻

ミツバチ
蜜蜂

クモ
蜘蛛

カブトムシ

甲蟲

蛙

青蛙

リス

松鼠

ハリネズミ

刺蝟

ウサギ

野兔

フクロウ

貓頭鷹

鳥

鳥

白鳥

天鵝

雄豚

野豬

鹿

鹿

ヘラジカ

麋鹿

ダム

水壩

風力タービン

風力發電機

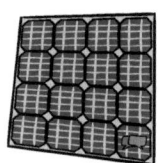

ソーラーパネル

太陽能電池板

気候

氣候

レストラン
餐館

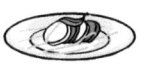

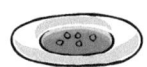

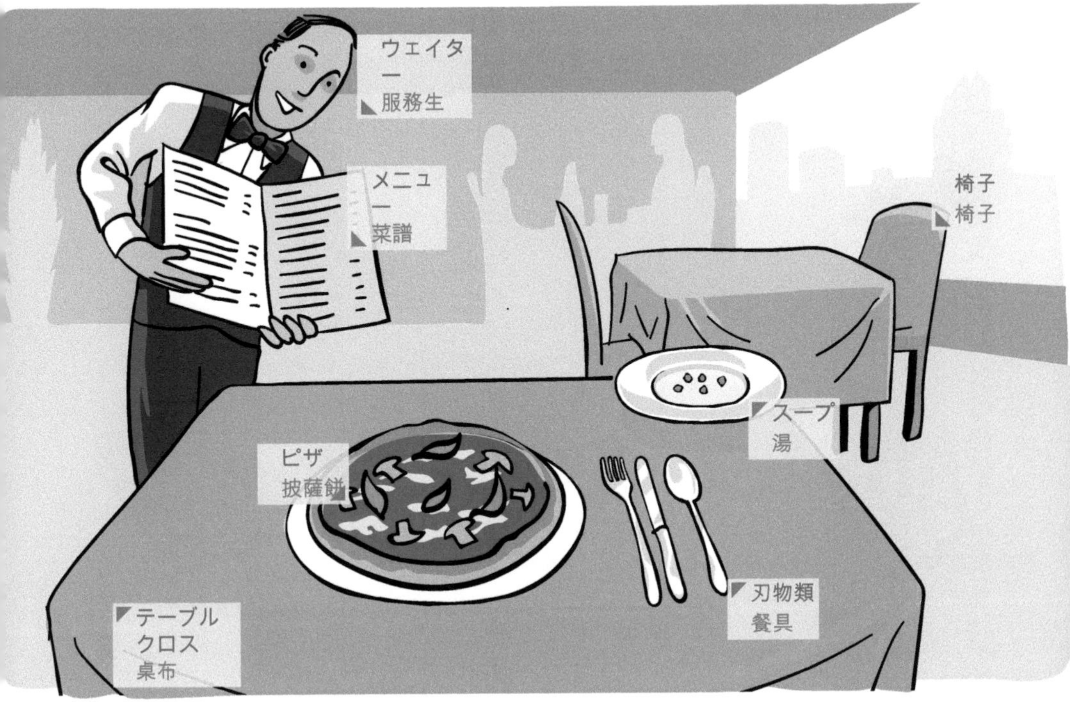
ウェイター
服務生
メニュー
菜譜
椅子
椅子
スープ
湯
ピザ
披薩餅
刃物類
餐具
テーブルクロス
桌布

前菜

前菜

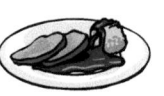

メインコース

主菜

デザート

甜點

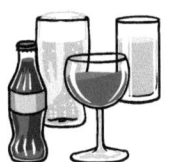

飲み物

飲料

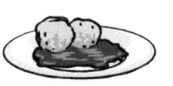

食べ物

食物

ボトル

瓶子

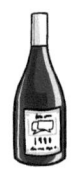

ファストフード

速食

屋台の食べ物

街邊小吃

ティーポット

茶壺

砂糖入れ

糖盒

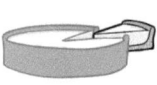

一人前

一份飯菜

エスプレッソマシン

義式咖啡機

幼児用食事椅子

高腳椅

請求書

帳單

トレー

托盤

ナイフ

刀

フォーク

餐叉

スプーン

勺子

ティースプーン

茶匙

ナプキン

餐巾

グラス

玻璃杯

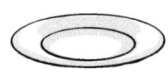

皿
....
碟子

スープ皿
....
湯盤

受け皿
....
碟子

ソース
....
醬

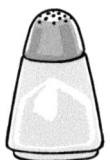

塩入れ
....
鹽瓶

ペッパーミル
....
胡椒研磨罐

酢
....
醋

油
....
食用油

スパイス
....
調味料

ケチャップ
....
番茄醬

マスタード
....
芥末

マヨネーズ
....
美乃滋

スーパーマーケット
超市

特価品
特價
FOR
顧客
顧客
乳製品
乳製品
果物
水果
ショッピング・カート
購物車

BUTCHERS

肉屋
肉鋪

BAKERY

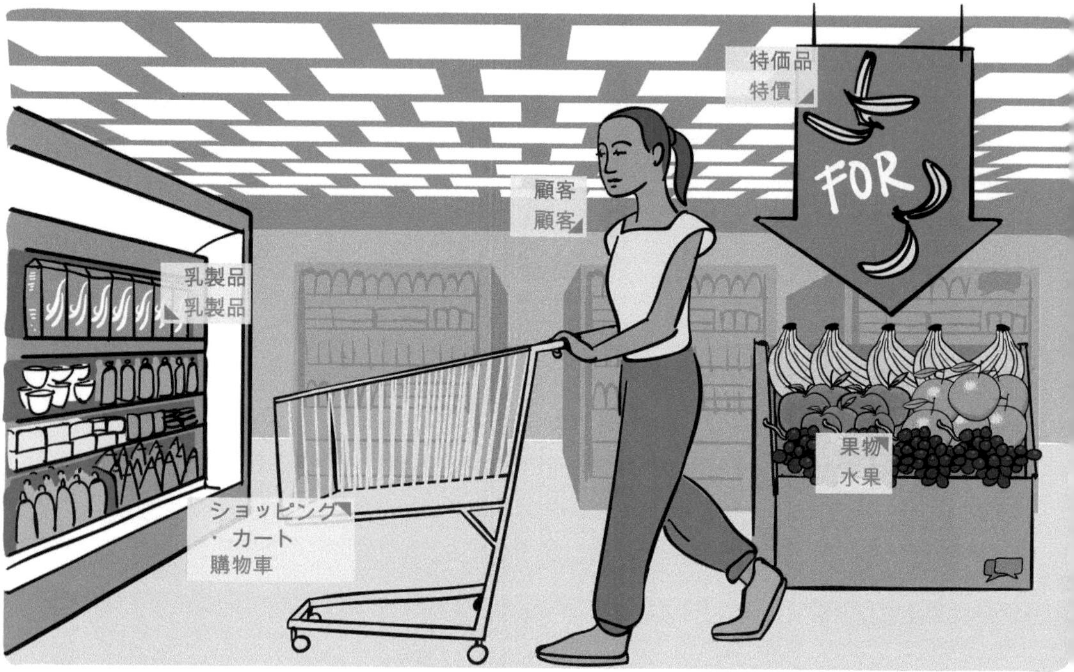

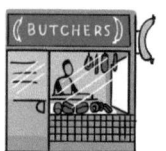

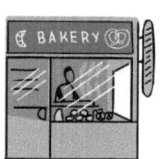

パン屋
麵包店

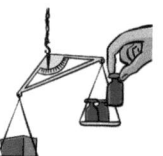

重さをはかる
稱重

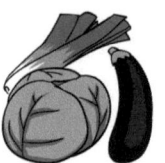

野菜
蔬菜

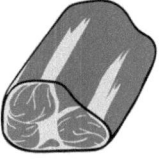

肉
肉

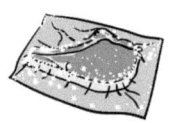

冷凍食品
冷凍食品

冷肉の薄切り

冷盤

缶詰食品

罐頭食品

洗剤

洗衣粉

菓子

甜食

家庭用品

日用品

清掃用品

清潔用品

販売員

銷售員

現金箱

收銀機

レジ係

收銀員

買い物リスト

購物清單

開館時刻

開放時間

財布

錢包

クレジットカード

信用卡

バッグ

袋子

ポリ袋

塑膠袋

水
水

ジュース
果汁

牛乳
牛奶

コーラ
可樂

ワイン
紅酒

ビール
啤酒

アルコール
酒

ココア
可可

紅茶
茶

コーヒー
咖啡

エスプレッソ
義式濃縮咖啡

カプチーノ
卡布奇諾

バナナ

香蕉

リンゴ

蘋果

オレンジ

柳丁

メロン

西瓜

レモン

檸檬

ニンジン

胡蘿蔔

ニンニク

大蒜

竹

竹子

玉ねぎ

洋蔥

キノコ

蘑菇

ナッツ

堅果

ヌードル

麵條

スパゲッティ

義大利麵

米

米飯

サラダ

沙拉

フライドポテト

薯條

フライドポテト

炸馬鈴薯

ピザ

披薩餅

ハンバーガー

漢堡

サンドウィッチ

三明治

カツレツ

炸豬排

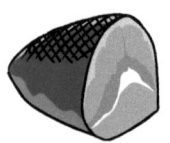

ハム

火腿

サラミ

義大利臘腸

ソーセージ

香腸

鶏肉

雞肉

焼き

烤肉

魚

魚

麦のお粥

燕麥片

ムーズリ

木斯里

コーンフレーク

玉米片

小麦粉

麵粉

クロワッサン

牛角麵包

ロールパン

麵包捲

パン

麵包

トースト

吐司

ビスケット

餅乾

バター

奶油

カッテージチーズ

凝乳

ケーキ

蛋糕

卵

蛋

目玉焼き

煎蛋

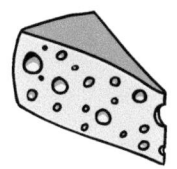

チーズ

起司

アイスクリーム

冰淇淋

砂糖

糖

はちみつ

蜂蜜

ジャム

果醬

ヌガークリーム

巧克力醬

カレー

咖哩

農場

農場

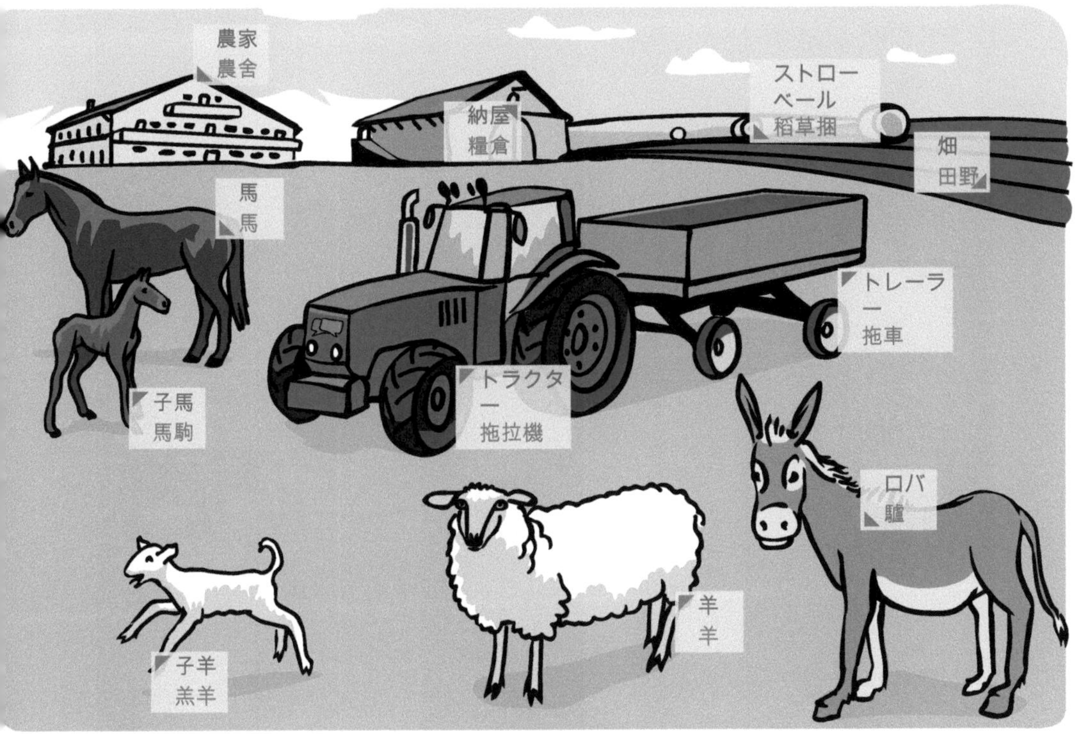

農家
農舍
納屋
糧倉
ストローベール
稲草捆
畑
田野
馬
馬
トレーラー
拖車
子馬
馬駒
トラクター
拖拉機
ロバ
驢
羊
羊
子羊
羔羊

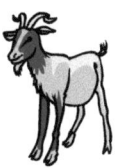

ヤギ

山羊

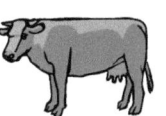

雌牛

奶牛

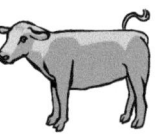

子牛

小牛

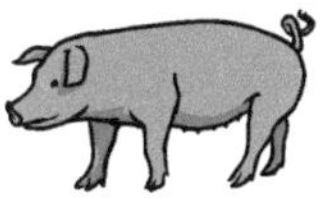

豚

豬

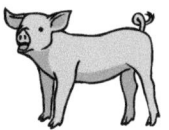

子豚

小豬

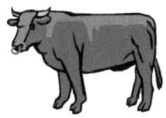

雄牛

公牛

ガチョウ

鵝

アヒル

鴨

ひよこ

小雞

にわとり

母雞

おんどり

公雞

ネズミ

鼠

猫

貓

ねずみ

老鼠

雄牛

牛

犬

狗

犬小屋

狗屋

散水ホース

花園澆水軟管

じょうろ

澆水壺

大鎌

長柄大鎌刀

すき

犁

草刈り鎌

鐮刀

くわ

鋤頭

堆肥用フォーク

長柄草耙

斧

斧頭

手押し車

獨輪手推車

かいばおけ

飼料槽

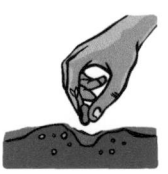

牛乳缶

牛奶罐

袋

麻布袋

フェンス

柵欄

畜舎

馬廄

温室

溫室

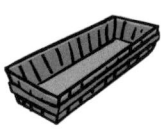

土壌

土壌

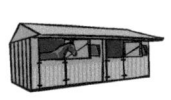

種

種子

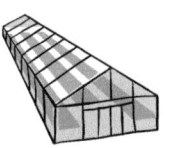

肥料

肥料

コンバイン

聯合收割機

収穫する

収割

収穫

収割

ヤマイモ

地瓜

小麦

小麥

大豆

大豆

じゃがいも

土豆

トウモロコシ

玉米

菜種

油菜籽

果樹

果樹

キャッサバ

樹薯

穀物

穀物

家

房子

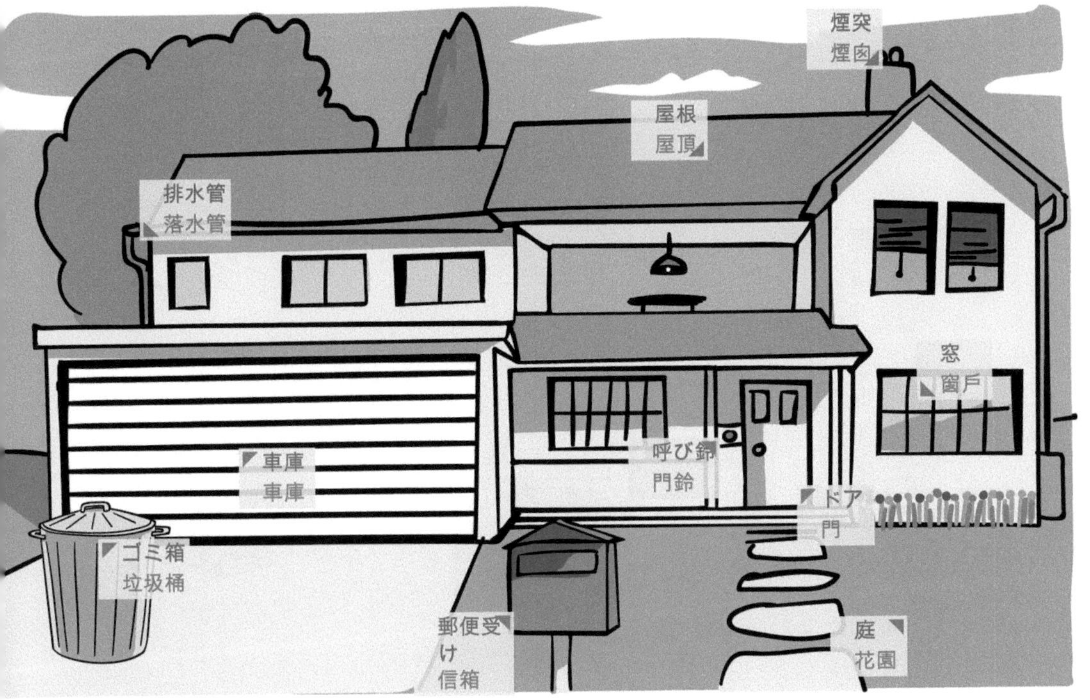
煙突
煙囪
屋根
屋頂
排水管
落水管
窓
窗戶
車庫
車庫
呼び鈴
門鈴
ドア
門
ゴミ箱
垃圾桶
郵便受け
信箱
庭
花園

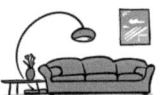

リビングルーム

客廳

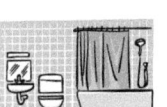

浴室

浴室

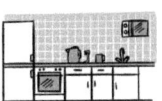

台所

廚房

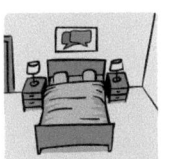

寝室

臥室

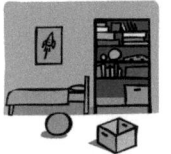

子供部屋

兒童房

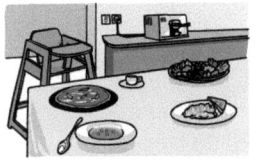

ダイニング・ルーム

餐廳

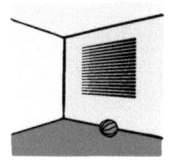

床
地板

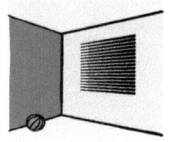

壁
牆壁

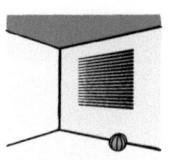

天井
天花板

地下貯蔵庫
地窖

サウナ
三溫暖

バルコニー
陽臺

テラス
露臺

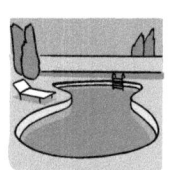

プール
游泳池

芝刈り機
割草機

シーツ
被單

ベッドカバー
床罩

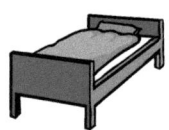

ベッド
床

ほうき
掃帚

バケツ
水桶

スイッチ
開關

リビングルーム
客廳

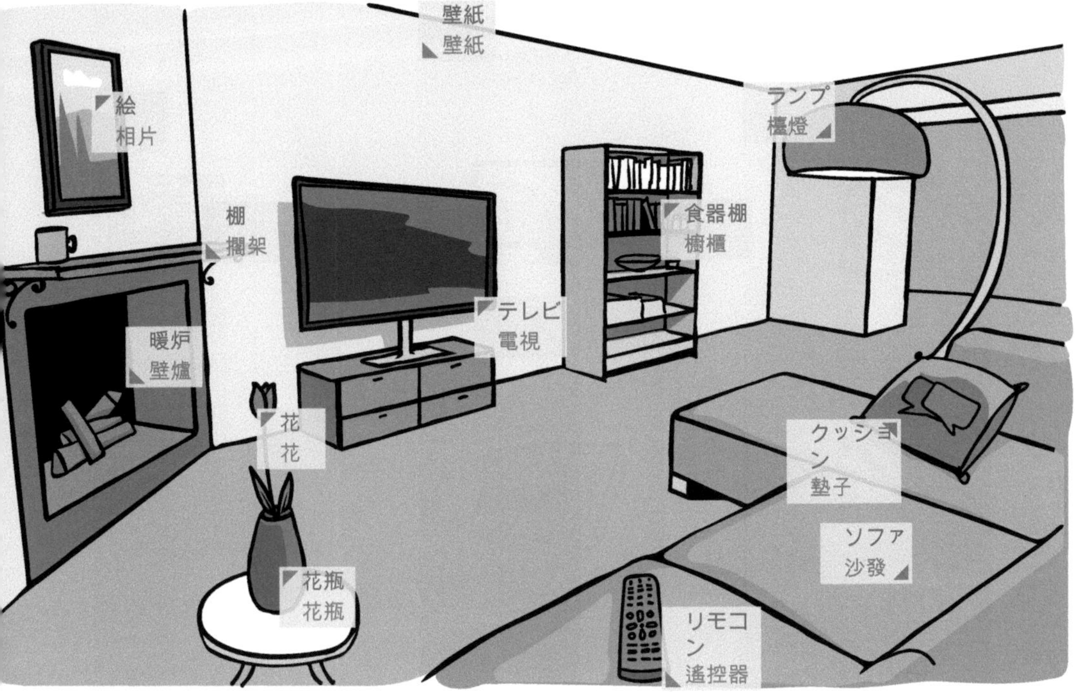

壁紙
壁紙
絵
相片
ランプ
檯燈
棚
擱架
食器棚
櫥櫃
テレビ
電視
暖炉
壁爐
花
花
クッション
墊子
ソファ
沙發
花瓶
花瓶
リモコン
遙控器

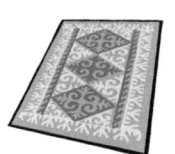

カーペット
地毯

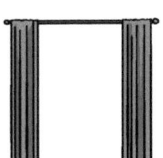

カーテン
窗簾

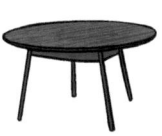

テーブル
餐桌

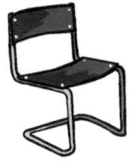

椅子
椅子

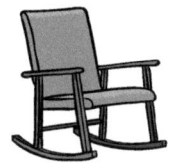

ロッキングチェア
搖椅

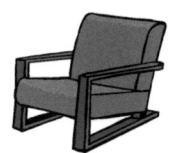

ひじ掛け椅子
扶手椅

本
書

毛布
毯子

飾り
裝飾品

たきぎ
木柴

映画
電影

ステレオ
高傳真音響

鍵
鑰匙

新聞
報紙

絵画
油畫

ポスター
海報

ラジオ
收音機

メモ帳
筆記本

掃除機
吸塵器

サボテン
仙人掌

ろうそく
蠟燭

台所

廚房

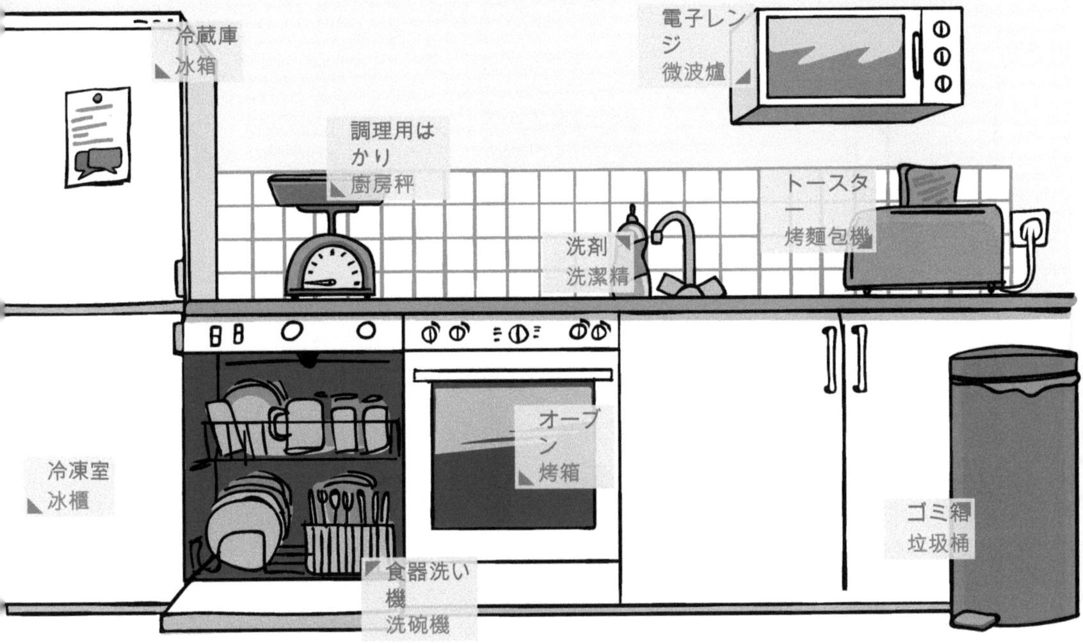

冷蔵庫
冰箱
電子レンジ
微波爐
調理用はかり
廚房秤
トースター
烤麵包機
洗剤
洗潔精
冷凍室
冰櫃
オーブン
烤箱
ゴミ箱
垃圾桶
食器洗い機
洗碗機

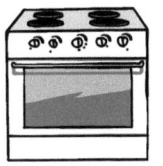

こんろ

炊具

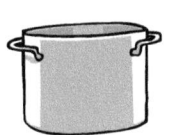

鍋

鍋

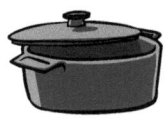

鉄鍋

鑄鐵鍋

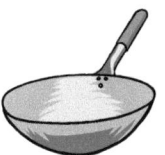

中華鍋/ カダイ鍋

炒鍋

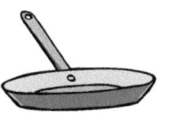

フライパン

平底鍋

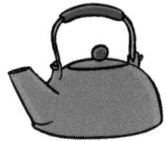

やかん

水壺

蒸し器

蒸鍋

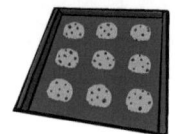

天板

烤盤

食器

陶瓷鍋

マグカップ

馬克杯

ボウル

碗

箸

筷子

おたま

長柄勺

へら

鏟子

泡立て器

攪拌器

こし器

濾網

ふるい

篩子

すりおろし器

磨碎機

すり鉢

研缽

バーベキュー

燒烤

かまど

明火

まな板
菜板

麺棒
擀麺杖

栓抜き
開瓶器

缶
罐子

缶切り
開罐器

鍋つかみ
隔熱手套

流し
水槽

ブラシ
刷子

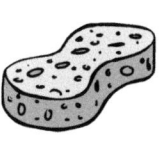

スポンジ
海綿

ミキサー
攪拌機

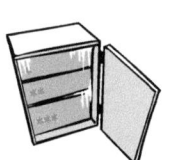

冷凍庫
冷藏箱

哺乳瓶
奶瓶

蛇口
水龍頭

浴室

浴室

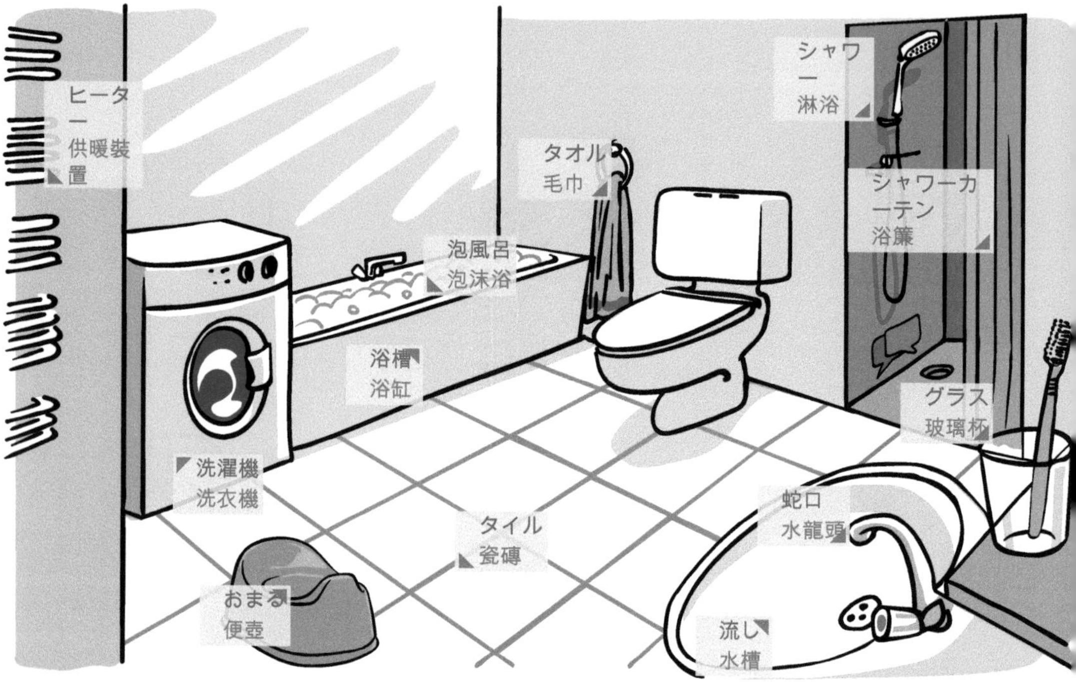

ヒーター
供暖装置
タオル
毛巾
シャワー
淋浴
シャワーカーテン
浴簾
泡風呂
泡沫浴
浴槽
浴缸
洗濯機
洗衣機
グラス
玻璃杯
蛇口
水龍頭
タイル
瓷磚
おまる
便壺
流し
水槽

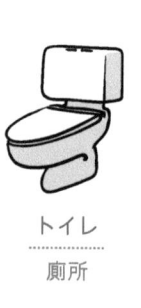

トイレ

厠所

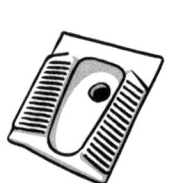

和式トイレ

蹲便器

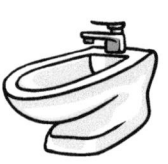

ビデ

坐浴器

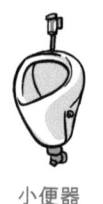

小便器

小便斗

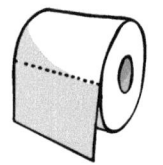

トイレットペーパー

廁紙

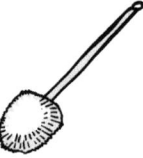

トイレブラシ

馬桶刷

歯ブラシ

牙刷

歯みがき

牙膏

デンタルフロス

牙線

洗う

洗

シャワーヘッド

手持式蓮蓬頭

ハンドビデ

沖洗器

洗面台

洗臉盆

ボディブラシ

洗背刷

石鹸

肥皂

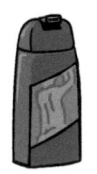

シャワー用ジェル

沐浴露

シャンプー

洗髪乳

浴用タオル

法蘭絨

排水口

排水

クリーム

乳霜

消臭

除臭劑

鏡

鏡子

手鏡

手鏡

かみそり

刮鬍刀

シェービング・フォーム

刮鬍泡沫

アフターシェーブローショ
ン

鬍後水

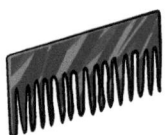

櫛

梳子

ブラシ

刷子

ドライヤー

吹風機

ヘアスプレー

噴髮定型劑

化粧

化妝品

口紅

唇膏

マニキュア

指甲油

脱脂綿

化妝棉

爪切り

指甲剪

香水

香水

洗面用具入れ

洗漱包

スツール

凳子

体重計

計重秤

バスローブ

浴袍

ゴム手袋

橡膠手套

タンポン

衛生棉條

生理用ナプキン

衛生棉

ケミカルトイレ

化學廁所

子供部屋

兒童房

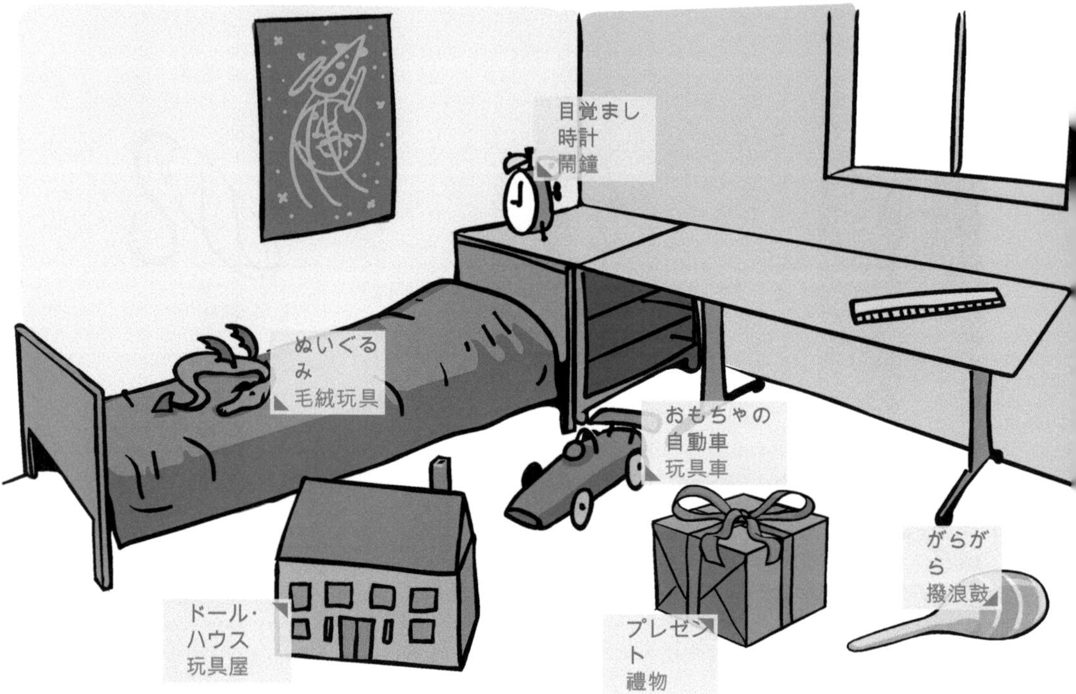

目覚まし
時計
鬧鐘
ぬいぐるみ
毛絨玩具
おもちゃの
自動車
玩具車
がらがら
撥浪鼓
ドール・
ハウス
玩具屋
プレゼント
禮物

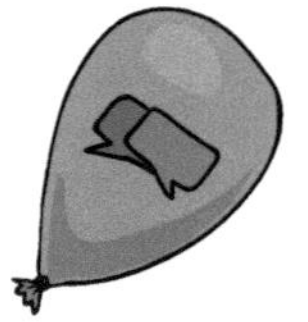

風船

氣球

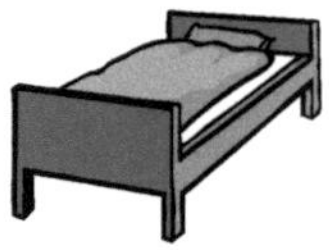

ベッド

床

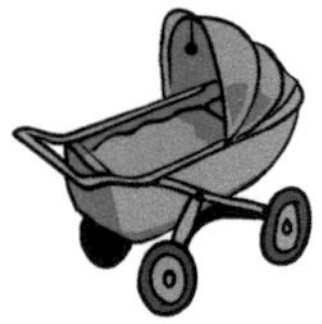

ベビーカー

嬰兒車

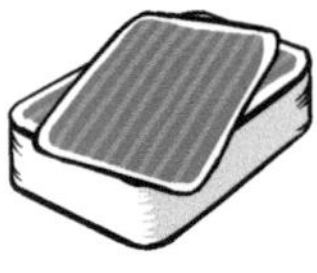

カードゲーム

撲克牌

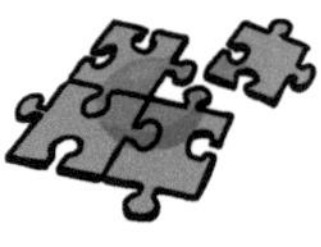

ジグソーパズル

拼圖

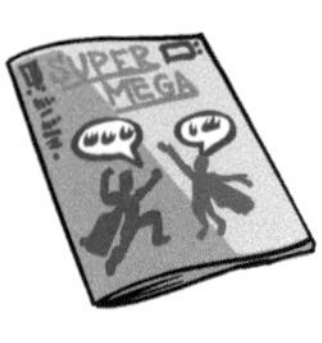

SUPER
MEGA

漫画

漫畫

レゴ

樂高積木

玩具ブロック

積木玩具

アクションフィギュア

公仔

ロンパース

嬰兒服

フリスビー

飛盤

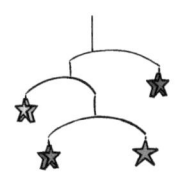

モバイル

床鈴玩具

ボードゲーム

棋盤遊戲

さいころ

骰子

鉄道模型

火車模型

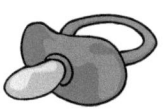

おしゃぶり

安撫奶嘴

パーティー

派對

絵本

繪本

ボール

球

人形

洋娃娃

遊ぶ

玩

砂場

沙坑

ブランコ

鞦韆

おもちゃ

玩具

ゲーム機

電玩遊戲

三輪車

三輪車

テディベア

泰迪熊

衣装ダンス

衣櫃

衣服

衣服

靴下

襪子

ストッキング

長襪

タイツ

緊身褲

スカーフ
圍巾

ベルト
皮帶

雨傘
雨傘

Tシャツ
T恤

スニーカー
運動鞋

ブーツ
靴子

スリッパ
拖鞋

サンダル
涼鞋

靴
鞋

ゴム長靴
雨靴

パンツ
內褲

ブラ
胸罩

ベスト
背心

衣服 - 衣服

45

ボディースーツ

身體

ズボン

褲子

ジーンズ

牛仔褲

スカート

短裙

ブラウス

女式襯衫

シャツ

襯衫

セーター

套頭衫

パーカー

連帽上衣

ブレザー

西裝夾克

ジャケット

夾克

コート

外套

レインコート

雨衣

服裝

套裝

ドレス

連衣裙

ウェディングドレス

婚紗

スーツ

西裝

ナイトガウン

睡袍

パジャマ

睡衣

サリー

莎麗

ヘッドスカーフ

頭巾

ターバン

包頭巾

ブルカ

波卡

カフタン

卡夫坦

アバヤ

(阿拉伯式)長袍

水着

泳衣

トランクス

男式泳褲

半ズボン

短褲

スウェットスーツ

運動服

エプロン

圍裙

手袋

手套

ボタン

鈕扣

メガネ

眼鏡

ブレスレット

手鏈

ネックレス

項鍊

指輪

戒指

イヤリング

耳環

帽子

便帽

ハンガー

衣架

帽子

帽子

ネクタイ

領帯

ファスナー

拉鍊

ヘルメット

安全帽

サスペンダー

背帯

制服

校服

ユニフォーム

制服

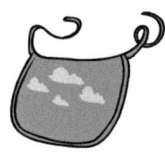

よだれかけ

圍兜

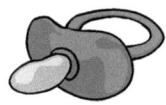

おしゃぶり

安撫奶嘴

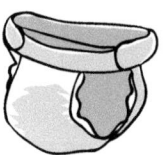

おむつ

尿布

オフィス
辦公室

書類キャビネット
檔案櫃
サーバ
伺服器
紙
紙
プリンター
印表機
モニター
螢幕
マウス
滑鼠
事務机
辦公桌
フォルダー
資料夾
キーボード
鍵盤
ごみ箱
廢紙簍
椅子
椅子
コンピューター
電腦

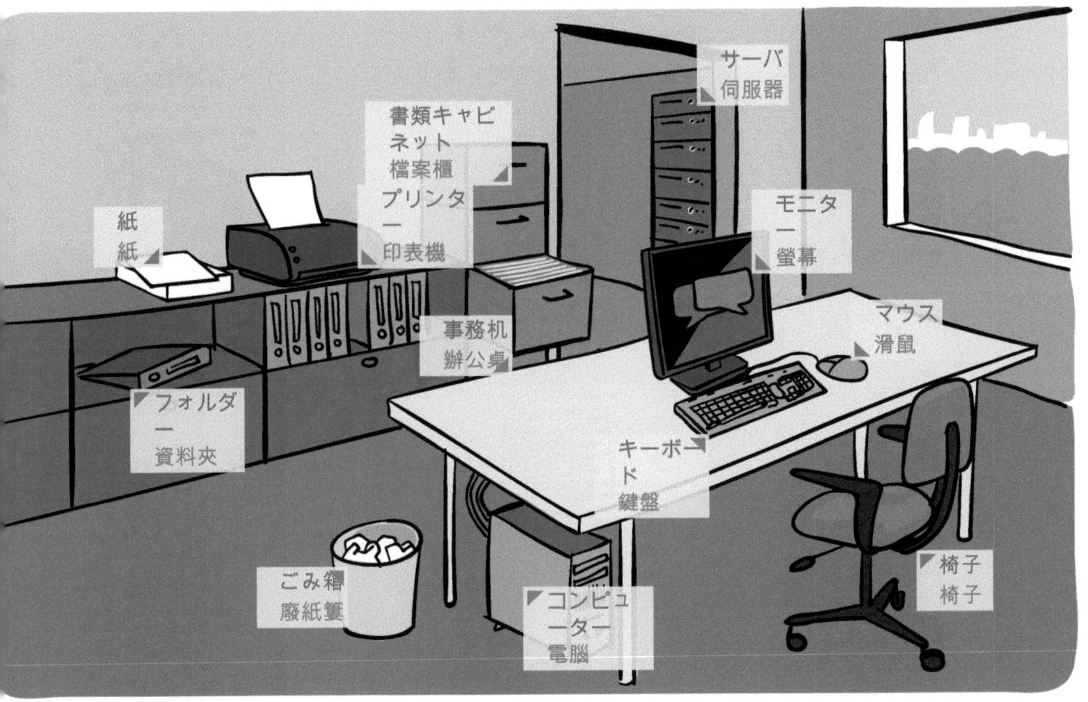

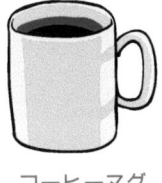

コーヒーマグ

咖啡杯

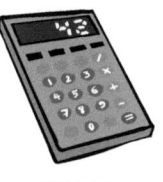

計算機

計算機

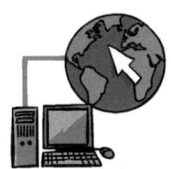

インターネット

網際網路

ラップトップ

筆記型電腦

手紙

信件

メッセージ

簡訊

携帯電話

行動電話

ネットワーク

網路

コピー機

影印機

ソフトウェア

軟體

電話

電話

コンセント

插座

ファックス

傳真機

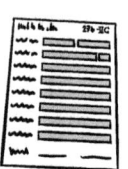

フォーム

表格

書類

檔案

買う
買

支払う
付錢

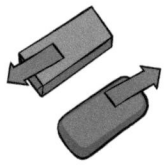

取引する
交易

お金
現金

ドル
美元

ユーロ
歐元

円
日元

ルーブル
盧布

スイスフラン
瑞士法郎

人民元
人民幣

ルピー
盧比

キャッシュポイント
提款處

両替所

外幣兌換處

金

金

銀

銀

油

石油

エネルギー

能源

価格

價格

契約

合約

税金

税金

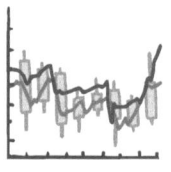

株

股票

働く

工作

従業員

職員

雇用主

老闆

工場

工廠

ショップ

商店

職業

職業

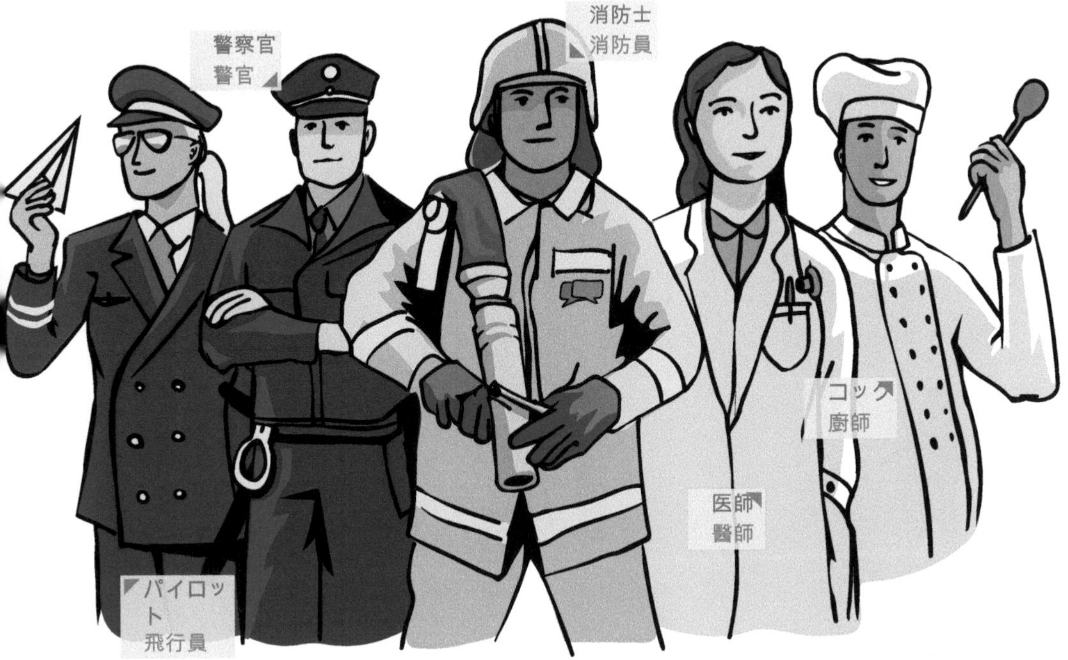

警察官
警官
消防士
消防員
コック
廚師
医師
醫師
パイロット
飛行員

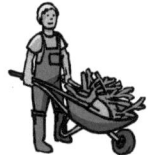

庭師

園丁

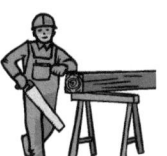

大工

木匠

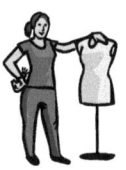

お針子

裁縫

裁判官

法官

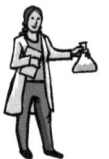

化学者

化學家

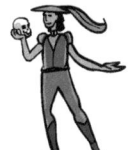

俳優

演員

バスの運転手

公車司機

タクシー運転手

計程車司機

漁師

漁夫

掃除婦

清洗女工

屋根ふき職人

屋頂工

ウェイター

服務生

ハンター

獵人

塗装工

畫家

パン屋

麵包師

電気工

電工

建設作業員

建築工人

エンジニア

工程師

肉屋

屠夫

配管工

水管工

郵便配達人

郵差

軍人
士兵

建築家
建築師

レジ係
收銀員

花屋
花農

美容師
理髪師

車掌
售票員

機械工
機械技師

キャプテン
船長

歯科医
牙醫

科学者
科學家

ラビ
拉比

イスラム導師
伊瑪目

修道士
和尚

牧師
牧師

道具

工具

ハンマー
鐵錘
ドライバー
螺絲起子
くぎ抜き
鉗子
スパナ
扳手
懐中電灯
手電筒

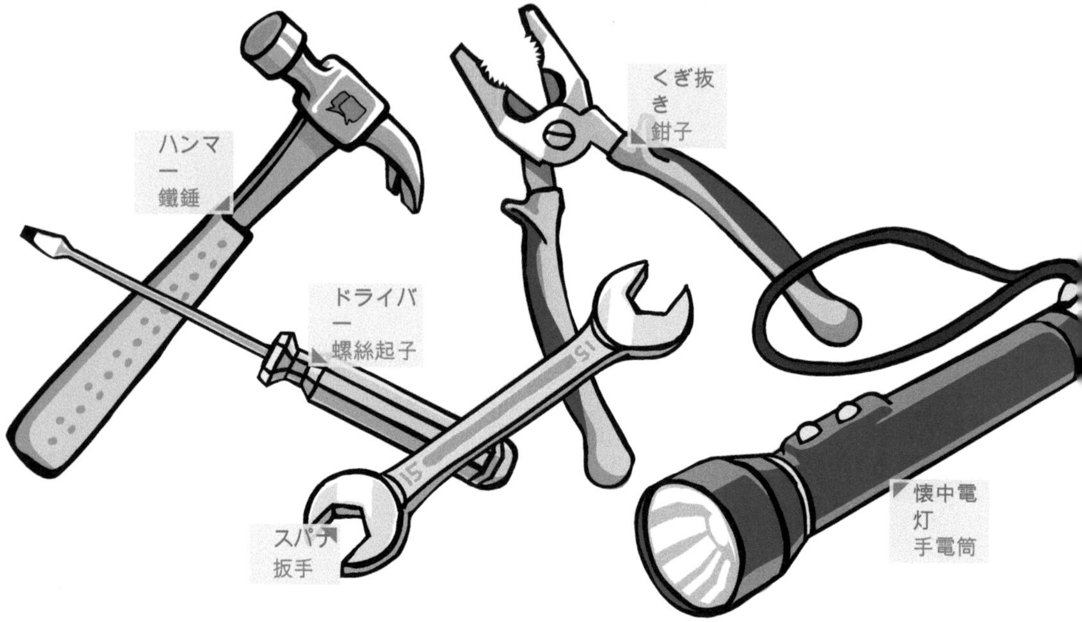

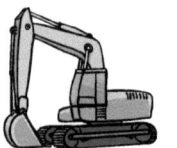

掘削機
挖掘機

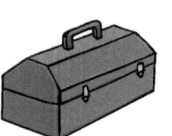

道具箱
工具箱

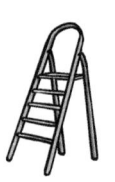

はしご
梯子

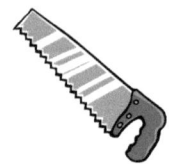

のこぎり
鋸子

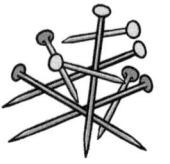

釘
釘子

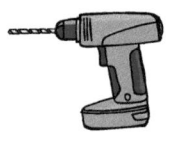

ドリル
鑽機

修理する
修

シャベル
鏟子

クソ！
糟糕！

ちりとり
畚箕

ペンキ缶
油漆桶

ネジ
螺絲

楽器

樂器

打楽器
打撃楽
器

スピーカ
ー
揚聲器

ギター
吉他

コントラ
バス
低音提琴

トランペ
ット
小號

楽器 - 樂器

57

ピアノ

鋼琴

バイオリン

小提琴

バス

貝斯

ティンパニ

定音鼓

ドラム

鼓

キーボード

電子琴

サックス

薩克斯風

フルート

長笛

マイクロフォン

麥克風

動物園

動物園

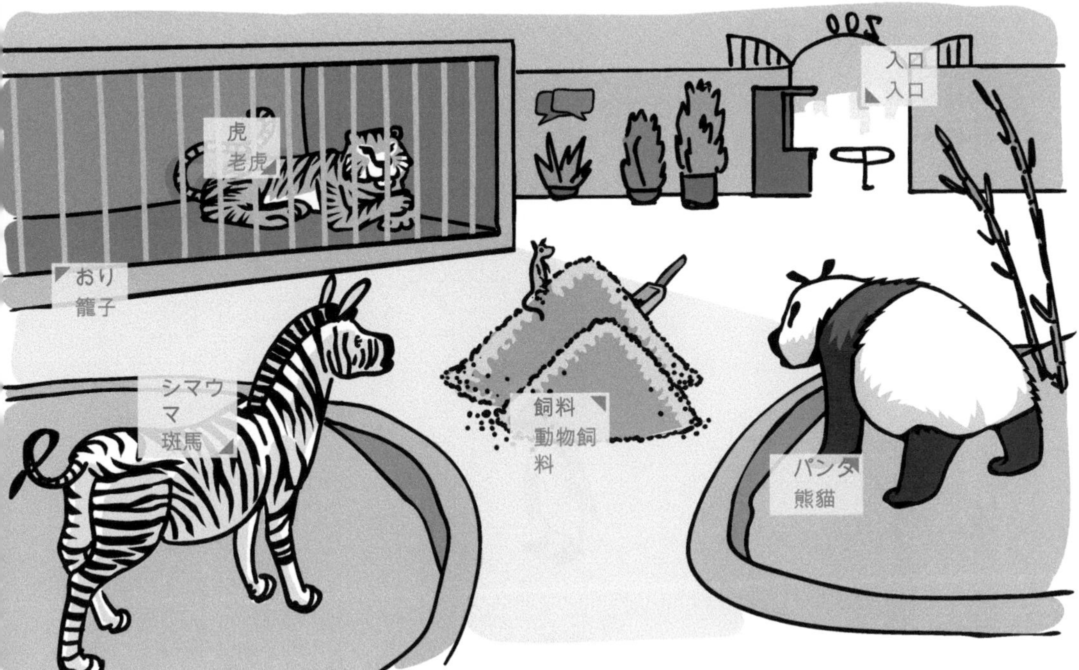

虎
老虎
入口
入口
おり
籠子
シマウマ
斑馬
飼料
動物飼料
パンダ
熊貓

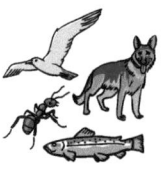

動物

動物

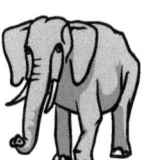

象

大象

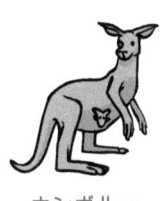

カンガルー

袋鼠

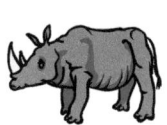

サイ

犀牛

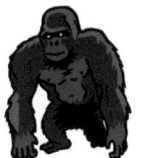

ゴリラ

大猩猩

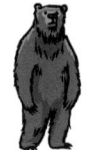

熊

熊

ラクダ

駱駝

ダチョウ

鴕鳥

ライオン

獅子

猿

猴子

フラミンゴ

紅鶴

オウム

鸚鵡

白クマ

北極熊

ペンギン

企鵝

サメ

鯊魚

クジャク

孔雀

蛇

蛇

ワニ

鱷魚

飼育係

動物園管理員

アザラシ

海豹

ジャガー

美洲豹

ポニー
....
矮種馬

ヒョウ
....
豹

カバ
....
河馬

キリン
....
長頸鹿

鷲
....
老鷹

雄豚
....
野豬

魚
....
魚

亀
....
龜

セイウチ
....
海象

狐
....
狐狸

ガゼル
....
羚羊

スポーツ
體育

アメフト
橄欖球

サイクリング
騎腳踏車

テニス
網球

バスケットボール
籃球

水泳
游泳

ボクシング
拳擊

アイスホッケー
冰球

サッカー
美式足球

バドミントン
羽毛球

陸上競技
田徑

ハンドボール
手球

スキー
滑雪

ポロ
馬球

跳ぶ
跳

笑う
笑

抱きしめる
擁抱

歩く
走路

歌う
唱

祈る
祈禱

キス
親吻

夢見る
做夢

書く	描く	示す
書寫	畫	展示

押す	与える	取る
推	給	拿

持っている
有

する
做

ある
當

立つ
站

走る
跑

引く
拉

投げる
丟

落ちる
摔倒

横たわっている
躺

待つ
等待

運ぶ
攜帶

座る
坐

着る
穿衣

眠る
睡覺

目が覚める
醒來

見る
看

泣く
哭

なでる
撃

櫛ですく
梳頭

話す
交談

理解する
明白

質問する
問

聞く
聽

飲む
喝

食べる
吃

片づける
清理

愛する
愛

料理する
做飯

運転する
開車

飛ぶ
飛

ヨットに乗る
....
航行

計算する
....
計算

読む
....
讀

学ぶ
....
學習

働く
....
工作

結婚する
....
結婚

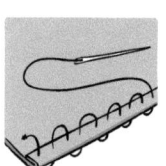

縫う
....
縫

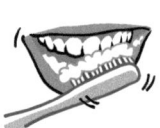

歯を磨く
....
刷牙

殺す
....
殺

喫煙する
....
抽菸

送る
....
寄

祖母
祖母

祖父
祖父

父
父親

母
母親

赤ん坊
嬰兒

娘
女兒

息子
兒子

お客様

客人

おば

阿姨

おじ

叔叔

兄弟

兄弟

姉妹

姐妹

体

身體

ひたい
前額
目
眼睛
肩
肩膀
指
手指
顔
臉
あご
下巴
手
手
胸
乳房
脚
腿
腕
手臂

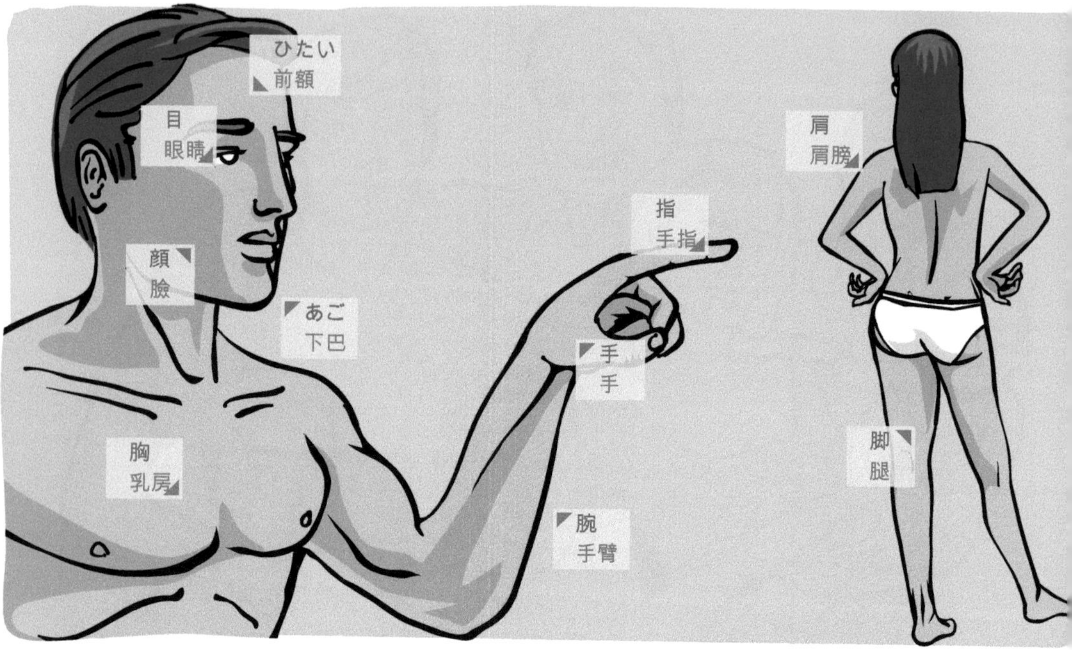

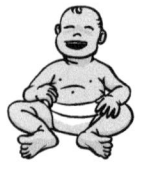

赤ん坊
嬰兒

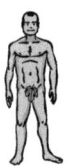

男性
男人

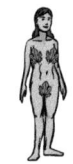

女性
女人

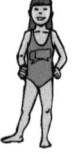

少女
女孩

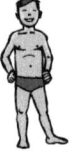

少年
男孩

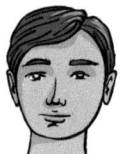

頭
頭

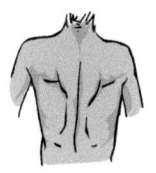

背中
背部

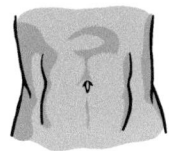

腹
肚子

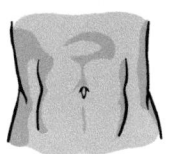

へそ
肚臍

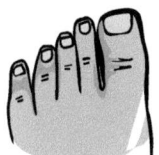

足指
腳趾

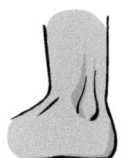

かかと
腳後跟

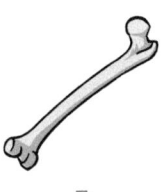

骨
骨頭

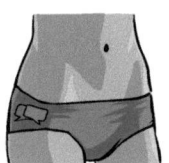

腰
臀部

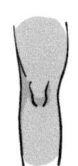

ひざ
膝蓋

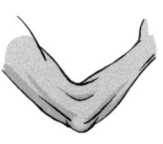

ひじ
手肘

鼻
鼻子

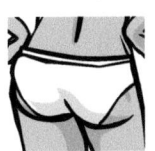

尻
屁股

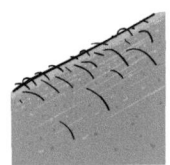

皮膚
皮膚

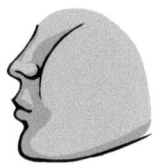

頬
臉頰

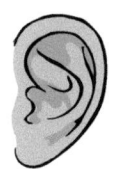

耳
耳朵

唇
嘴唇

口
....
嘴

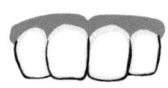

歯
....
牙齒

舌
....
舌頭

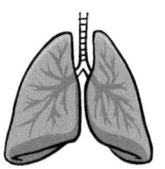

脳
....
腦

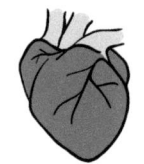

心臓
....
心臟

筋肉
....
肌肉

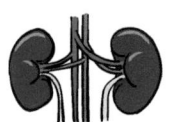

肺
....
肺

肝臓
....
肝臟

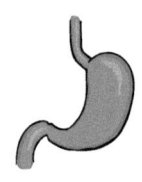

胃
....
胃

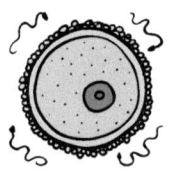

腎臓
....
腎臟

セックス
....
性交

コンドーム
....
保險套

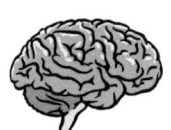

卵細胞
....
卵子

精液
....
精子

妊娠
....
懷孕

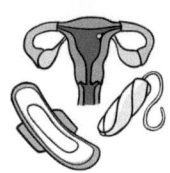

月経
月事

膣
陰道

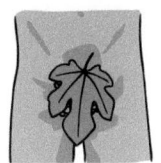

ペニス
陰莖

眉
眉毛

髪
頭髪

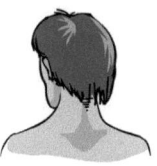

首
脖子

病院
醫院

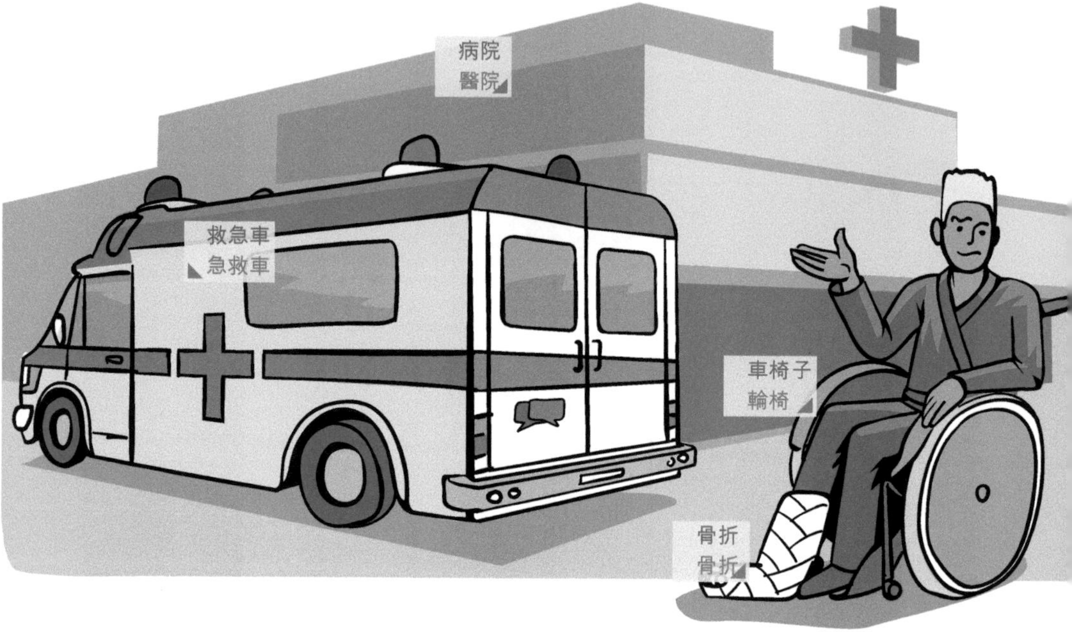

病院
醫院
救急車
急救車
車椅子
輪椅
骨折
骨折

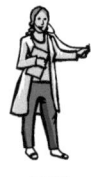

医師

醫師

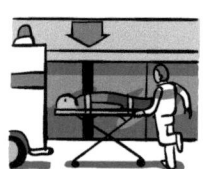

救急治療室

急診室

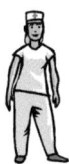

看護師

護理師

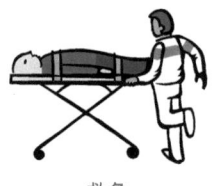

救急

緊急情形

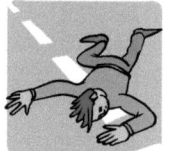

失神

昏迷

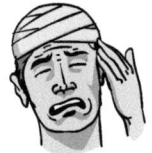

痛み

痛

けが

受傷

出血

出血

心臓発作

心臓病發作

脳卒中

中風

アレルギー

過敏

咳

咳嗽

熱

發燒

インフルエンザ

流感

下痢

腹瀉

頭痛

頭痛

癌

癌症

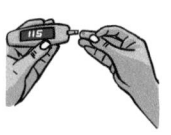

糖尿病

糖尿病

外科医

外科醫師

外科用メス

手術刀

手術

手術

CT

電腦斷層掃描

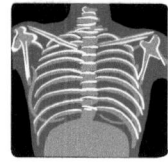

レントゲン

X光

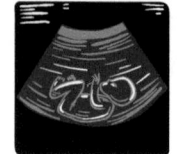

超音波

超音波

マスク

口罩

病気

疾病

待合室

候診室

松葉づえ

拐杖

ばんそうこう

石膏

包帯

繃帶

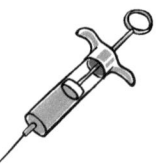

注射

注射

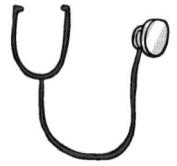

聴診器

聽診器

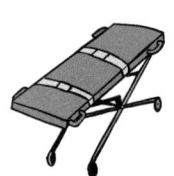

担架

擔架

体温計

體溫計

出産

出生

肥満

超重

補聴器

助聽器

消毒剤

消毒液

感染

感染

ウイルス

病毒

HIV / エイズ

愛滋病

内服薬

藥物

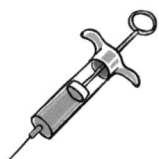

予防接種

接種疫苗

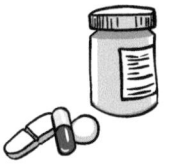

錠剤

藥片

ピル

藥丸

緊急電話

急救電話

血圧計

血壓計

病気の / 健康な

生病/健康

助けて！

救命！

アラーム

警報

暴行

突擊

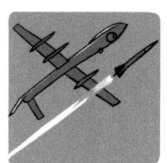

攻擊

攻擊

危険

危險

非常口

緊急出口

火事だ！

失火了！

消火器

滅火器

事故

意外

救急箱

急救箱

SOS

呼救訊號

警察

員警

ヨーロッパ

歐洲

北米

北美洲

南米

南美洲

アフリカ

非洲

アジア

亞洲

オーストラリア

澳洲

大西洋

大西洋

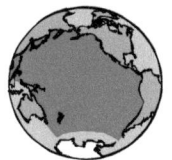

太平洋

太平洋

インド洋

印度洋

南極海

南冰洋

北極海

北冰洋

北極

北極

南極

南極

南極大陸

南極洲

地球

地球

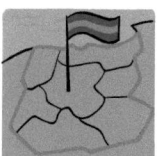

陸

陸地

海

海

島

島

国家

國家

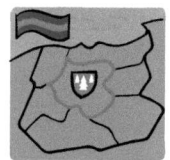

国家

州

文字盤

錶盤

短針

時針

長針

分針

秒針

秒針

何時ですか？

現在幾點？

日

天

時間

時間

現在

現在

デジタル時計

電子錶

分

分

時間

時

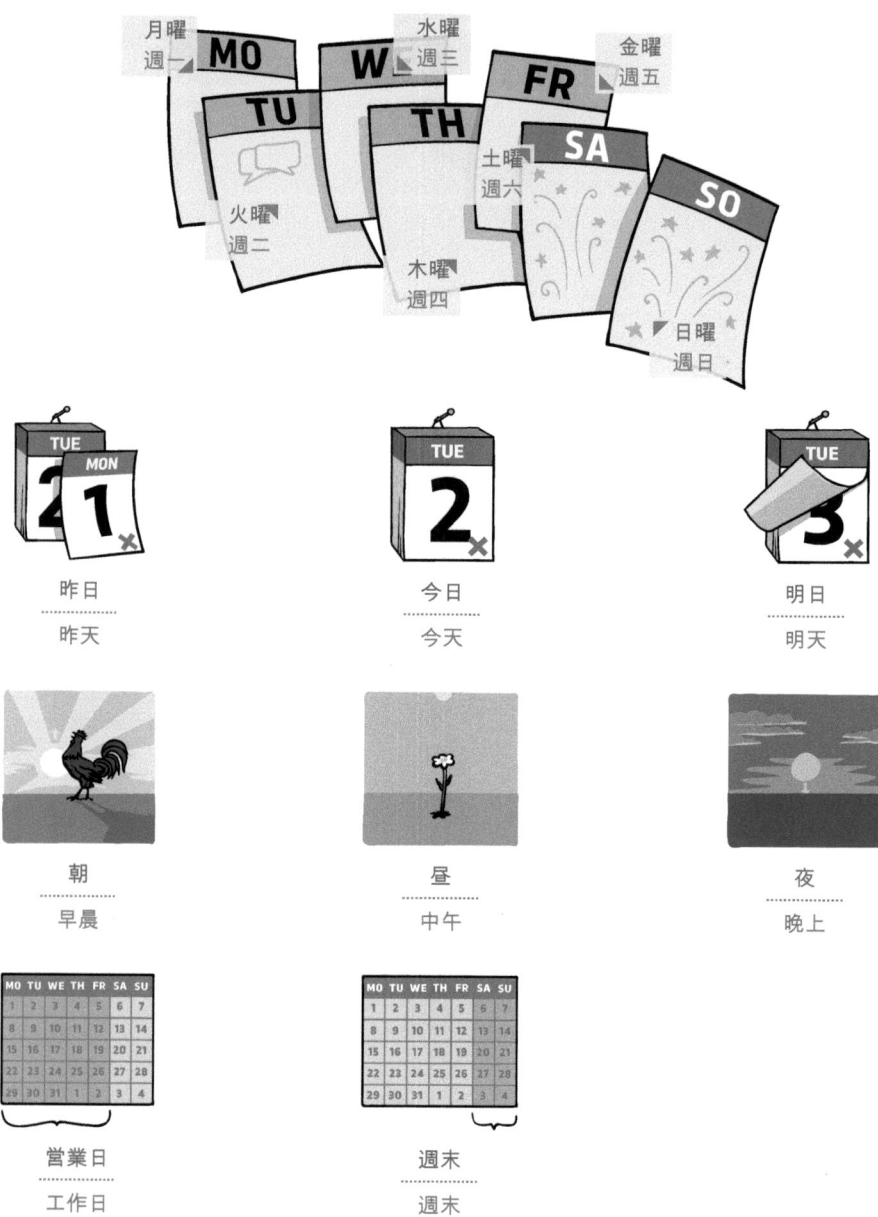

月曜
週一 **MO**

TU

火曜
週二

水曜
週三 **W**

TH

木曜
週四

FR 金曜
週五

土曜 **SA**
週六

SO

日曜
週日

昨日
....
昨天

今日
....
今天

明日
....
明天

朝
....
早晨

昼
....
中午

夜
....
晚上

營業日
....
工作日

週末
....
週末

雨
▶ 雨

虹
▶ 彩虹

風
▶ 風

雪
▶ 雪

春
春

秋
秋

夏
夏

冬
冬

天気予報

天氣預告

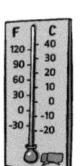

温度計

溫度計

日差し

陽光

雲

雲

霧

霧

湿度

潮濕

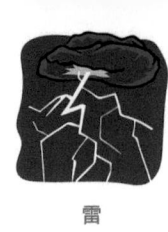

雷
....
閃電

雷
....
打雷

嵐
....
風暴

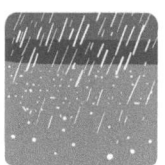

ひょう
....
冰雹

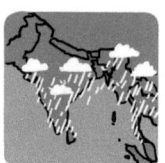

季節風
....
季風

洪水
....
洪水

氷
....
冰

1月
....
一月

2月
....
二月

3月
....
三月

4月
....
四月

5月
....
五月

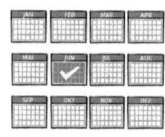

6月
....
六月

7月
....
七月

8月
....
八月

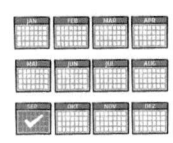

9月
....
九月

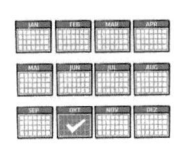

10月
....
十月

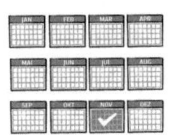

11月
....
十一月

12月
....
十二月

形
形狀

円
....
圓形

正方形
....
正方形

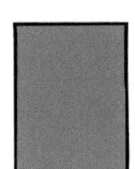

長方形
....
長方形

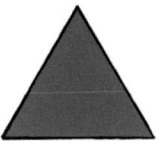

三角
....
三角形

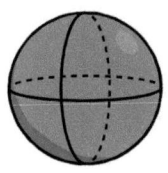

球
....
球體

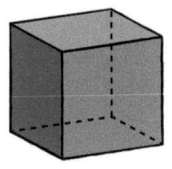

立方体
....
立方體

白
白

黄
黄

オレンジ
橙

ピンク
粉

赤
紅

紫
紫

青
藍

緑
緑

茶
棕

灰色
灰

黒
黑

多い ／ 少ない

很多/少許

怒っている /
落ち着いている

生氣/平靜

美しい ／ 醜い

美/醜

初め ／ 終わり

首/尾

大きい ／ 小さい

大/小

明るい ／ 暗い

明/暗

兄弟 ／ 姉妹

兄弟/姐妹

清潔な / 汚い

乾淨/骯髒

完全な ／ 不完全な

完整/缺失

日中 ／ 夜

白天/晚上

死んだ ／ 生きている

死/生

幅広い ／ 狭い

寬/窄

食べられる　／
食べられない
可食用/非食用

悪意のある　／　親切な
邪悪/善良

興奮している　／
退屈じている
興奮/無聊

太った　／　痩せた
胖/瘦

最初に　／　最後に
第一/最後

友人　／　敵
朋友/敵人

いっぱいの　／　空の
滿/空

硬い　／　柔らかい
硬/軟

重い　／　軽い
重/輕

空腹　／　喉の渇き
餓/渴

病気の　／　健康な
生病/健康

違法な　／　合法な
非法/合法

賢い　／　愚かな
聰明/愚笨

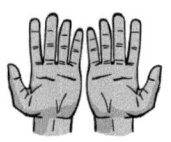

左に　／　右に
左/右

近い　／　遠い
近/遠

新しい ／ 中古の

新/舊

何もない ／ 何かある

沒有/有些

老いた ／ 若い

老/幼

オン ／ オフ

開/關

開いている ／
閉まっている

打開/闔上

静かな ／ うるさい

安靜/吵鬧

裕福な ／ 貧乏な

富/窮

正しい ／間違っている

對/錯

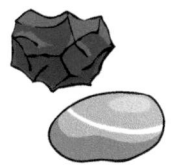

粗い ／ なめらか

粗糙/光滑

悲しい ／ 幸せな

傷心/高興

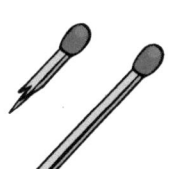

短い ／ 長い

短/長

ゆっくり ／ 速い

慢/快

濡れた ／ 乾いた

濕/乾

温かい ／ 冷たい

溫暖/涼爽

戦争 ／ 平和

戰爭/和平

0

ゼロ

零

1

1

一

2

2

二

3

3

三

4

4

四

5

5

五

6

6

六

7

7

七

8

8

八

9

9

九

10

10

十

11

11

十一

12

12
十二

13

13
十三

14

14
十四

15

15
十五

16

16
十六

17

17
十七

18

18
十八

19

19
十九

20

20
二十

100

100
百

1.000

1000
千

1.000.000

100万
百萬

数 - 數字

英語

英語

アメリカ英語

美式英語

中国標準語

普通話

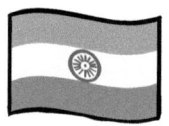

ヒンディー語

印地語

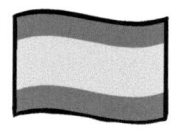

スペイン語

西班牙語

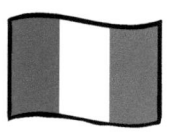

フランス語

法語

アラビア語

阿拉伯語

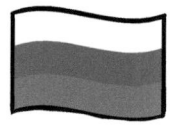

ロシア語

俄語

ポルトガル語

葡萄牙語

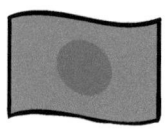

ベンガル語

孟加拉語

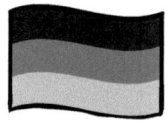

ドイツ語

徳語

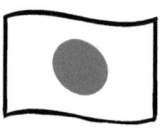

日本語

日語

私
我

あなた
你

彼 / 彼女 / それ
他/她/它

私たち
我們

あなたたち
你們

彼ら
他們

誰？
誰？

何？
什麼？

どうやって？
如何？

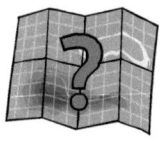

どこ？
何處？

いつ？
何時？

名前
名字

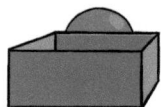

後ろ

後面

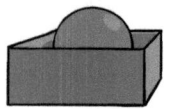

中

裡面

前

前面

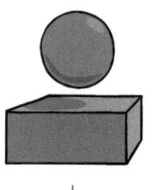

上

上方

上

上面

下

下麵

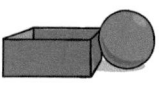

橫

旁邊

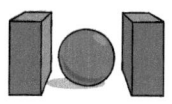

間

中間

場所

地點